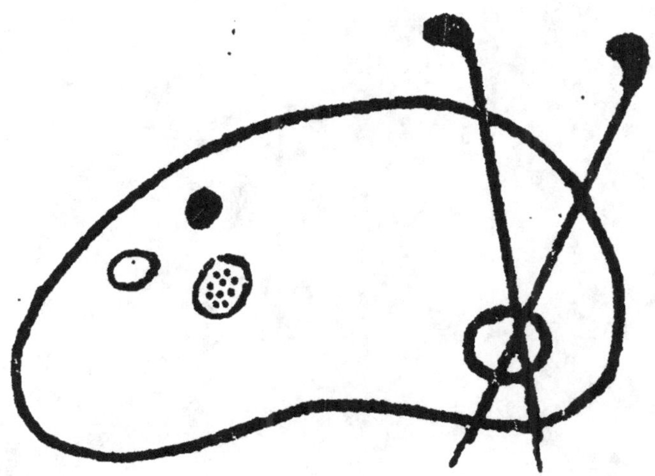

Couvertures supérieure et inférieure
en couleur

LA PUBLICITÉ
DANS LES JOURNAUX

CHEZ NOUS

A l'occasion des affaires du Panama, on a beaucoup parlé de la PUBLICITÉ par les journaux.

C'est une question intéressante à traiter.

Car, ainsi que le disait un journal républicain radical, le *Voltaire*, « *l'opinion publique est en train de* « *s'égarer sur le rôle de la Presse* « *dans l'affaire du Panama.* »

Et le même journal posait très bien la question en ajoutant :

Des sommes ont été versées aux journaux ; certes. Mais doit-on les considérer

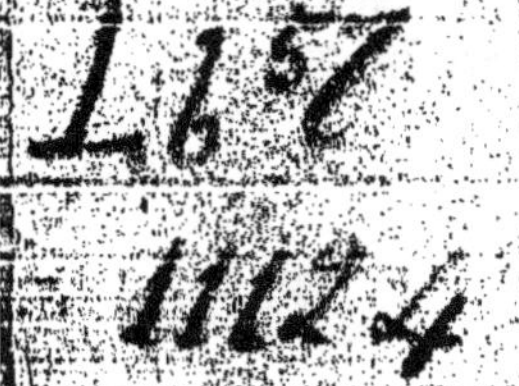

comme des pots-de-vin et faire un crime aux administrateurs d'avoir réalisé des bénéfices par la publicité ? Voudrait-on essayer de la supprimer ? Ce serait peine perdue aujourd'hui.

Le rôle de la publicité, en effet, est maintenant considérable ; il n'est personne qui n'en soit absolument affolé : aussi bien la mondaine pour son salon littéraire, l'écrivain pour son nouveau roman, l'homme politique pour son récent discours, le pharmacien pour sa nouvelle panacée, le financier, pour son émission ! tous de se ruer à l'assaut de ces réclames dont les feuilles publiques abondent et qui se retrouvent aussi dans les théâtres, sur les murs de la ville, dans les chemins de fer, enfin en tous endroits.

Que dirait-on à la Compagnie de l'Ouest, par exemple, d'un conseil d'administration qui refuserait dans les wagons une de ces annonces qui coûtent si cher à un industriel désireux de lancer ses produits ? Impitoyablement, on lui reprocherait sa négligeance, cause d'une large diminution de bénéfices.

Il en est absolument de même dans un journal : et, d'autre part, l'on ne peut raisonnablement demander à un administrateur de *répondre* au public de la valeur du produit qu'il recommande.

Un autre journal républicain, organe de M. le sénateur Magnier, s'exprime dans le même ordre d'idées:

Notre quatrième page, à nous autres, c'est notre moyen d'existence. Un journal a des critiques pour l'art, le théâtre et la littérature ; il n'a pas encore pensé à en prendre un pour les annonces, et il ne garantit pas plus la bonté d'une affaire dont il indique les conditions, qu'il ne garantit la lucidité d'une somnambule ou l'exiguïté de la tache d'une jeune personne à marier, recourant à sa publicité, qu'il a le droit de vendre le prix qu'il lui plaît.

La location d'une feuille de papier, à tant la ligne, engage bien moins la conscience d'un directeur de journal que la location de l'éloquence d'un avocat, pour une mauvaise cause, n'engage le défenseur.

Cela dit, une interrogation se pose à laquelle ne répondent point les deux journaux républicains que nous venons de citer.

Où commence l'ANNONCE et où finit-elle ?

Jusqu'à quelles limites doit aller la PUBLICITÉ des journaux?

Car nous n'admettrons jamais, pour l'honneur des journaux honnêtes, que l'ANNONCE doive tout envahir et que la PUBLICITÉ soit illimitée.

Un journal admirablement placé pour cela, et rédigé par un des écrivains les plus remarquables de notre temps, M. Paul Leroy-Beaulieu, répond de la façon la plus lumineuse aux interrogations que nous avons posées.

L'*Economiste français* dit :

Personne ne contestera aux journaux le droit de faire payer, même largement, leur publicité, mais à la condition que cette publicité se présente aux lecteurs avec le caractère manifeste de simples communications venant dn dehors et qu'elle n'apparaisse pas comme des conseils que le journal donnerait, de son propre cru, par sa propre inspiration, après réflexion et à la suite d'un examen impartial. Tout ce qui se dit sur le droit de vendre la publicité d'un journal tombe à faux, quand il s'agit *de sommes absolument disproportionnées* avec le prix des annonces, et quand il s'agit d'articles dithyrambiques n'ayant aucunement, pour les lecteurs non initiés, l'apparence d'un simple prospectus. *En confondant ainsi les articles et la publicité,* il est clair que la presse est en train de perdre toute autorité ; elle ne sera plus considérée que comme un recueil d'informations, dont on doit singulièrement se défier.

M. Paul Leroy-Beaulieu est tout à fait dans le vrai.

Les journaux ONT LE DROIT DE FAIRE PAYER LARGEMENT LEUR PUBLICITÉ, suivant l'importance de leur tirage.

Mais un journal qui se respecte n'a pas le droit de faire des articles, ou de publier des articles, en dehors de la quatrième page, consacrée aux annonces et réclames, et en dehors du bulletin financier, pour donner des CONSEILS, qu'il sait être MAUVAIS, sur des affaires financières.

Car IL NE FAUT PAS CONFONDRE les ARTICLES et la PUBLICITÉ.

La PUBLICITÉ, c'est l'affiche, dont on n'est pas responsable.

Les ARTICLES, c'est le journal, et on en est responsable.

Ceci dit, examinons la situation de l'*Autorité* dans l'affaire du Panama.

Nous avons, en TROIS ANNÉES, reçu pour notre publicité une somme d'environ 45,000 fr., sur 61,000 fr. qui lui auraient été attribués.

Les 25 0/0, en moins, représenteraient la remise ordinaire faite aux intermédiaires de la publicité.

Ces 45,000 fr. sont une somme minime, plus que modeste, étant donnée la publicité de l'*Autorité*, dont le tirage normal dépasse CENT MILLE numéros.

Il est vrai que l'*Autorité* n'était pas parmi les journaux arrosés par M. Floquet.

Nous sommes obligé, ici, de publier la liste des journaux, telle que l'a fournie l'expert Flory, à la cour d'appel et à la commission d'enquête:

LISTE FLORY (Annexe 7)

Sommes totales distribuées à la presse
Bons au porteur sans signatures

Le Paris

Canivet...................	75,000	
Ch. Laurent..............	19,000	175,450
Journal...................	81,450	

Le Matin

Edwards.................	6,000	
Des Houx................	7,000	135,550
Journal...................	122,550	

La Nation........................... 50,500

Le Soir............................. 107,700

L'Evénement

Magnier...................	6,750	148,250
Journal...................	141,500	

Le Figaro

Journal.....................	169,500	
Articles	25,500	
Articles financiers.........	213,100	
Magnard	30,000	500,450
Ed. Millaud...............	12,350	
Périvier...................	30,000	
De Rodays................	20,000	

Le Gaulois

Journal.....................	189,000	
Arthur Meyer.............	72,000	300,800
Meyer (?)..................	32,300	
Hector Pessard...........	7,500	

Le Gil Blas

Journal.....................	163,400	
Articles	17,000	213,400
Articles financiers.........	18,000	
Henri Fouquier...........	15,000	

La Liberté	**74,500**
La Justice......................	**141,500**
Les Débats......................	**63,000**
L'Intransigeant.................	**156,421**
Le Petit Journal................	**504,887**

La France

Journal.....................	255,000	270,000
Lalou	15,000	

Le Temps

Journal...................... 119,000 }
Hébrard................ 1,700,000 } **1,819,000**

Le Télégraphe.................... **194,049**

Le XIXᵉ Siècle

Journal..................... 92,000 }
Portalis.................... 70,000 } **162,000**

Le Radical

Journal................... 77,800 }
Henri Simond............ 75,000 }
Victor Simond........... 100,000 } **252,800**

La République française...... **106,100**

La Lanterne

Journal.................... 206,000 }
Eugène Mayer............ 40,000 } **246,000**

Nous n'ajouterons qu'un seul commentaire :

Dans cette liste, l'*Autorité* est le journal dont la publicité a été le moins rétribuée ; elle compte, pourtant, parmi les deux ou trois feuilles dont le tirage est le plus élevé.

C'est que nous n'avons pas pris part à la répartition DIRIGÉE par M. Floquet.

C'est ensuite, parce que nous n'avons, EN FAIT DE PUBLICITÉ, fourni que des RÉCLAMES et des ANNONCES.

Aucun rédacteur de l'*Autorité* n'a, en effet, touché personnellement, comme cela s'est vu dans d'autres journaux, parce que PERSONNE chez nous, n'a écrit des ARTICLES en faveur du Panama.

Nous avons été corrects et réguliers, jusqu'au bout.

Et la preuve que nous n'avons jamais abdiqué notre indépendance, c'est que, dès **1886**, notre ami et collègue, M. Daynaud, député de Condom, s'exprimait en ces termes sévères, dans l'*Autorité*, sur l'affaire du Panama :

Si jusqu'à ce jour, 3 juillet 1886, nous nous étions abstenus d'entretenir nos lecteurs de cette entreprise gigantesque, qui a pour but d'unir l'océan Atlantique à l'océan Pacifique par le percement de l'isthme de Panama, c'est que nous avions considéré cette œuvre comme une entreprise due à l'initiative privée ; nous n'avions voulu, à cause de cela, entraver en rien cette opération, bien que, pour nous, DE GRAVES MÉCOMPTES fussent à craindre et que nous eussions été convaincus, dès le début, QU'ELLE DÉPASSAIT LES FORCES D'UNE SOCIÉTÉ PRIVÉE, POUR AUSSI GRANDES QUE SES RESSOURCES EUSSENT PU ÊTRE ; nous avions, en un mot, voulu ne point paraître nous immiscer, NI EN BIEN NI EN MAL, dans la réalisation de cette pensée grandiose qui, déjà, depuis bien des années, avait séduit de nombreux esprits, mais devant laquelle néanmoins tous avaient reculé.

Les avantages que la France pouvait en retirer nous avaient toujours paru TRÈS PROBLÉMATIQUES ET NULLEMENT EN RAPPORT AVEC LES DÉBOIRES ET LES PÉRILS QUI POUVAIENT EN RÉSULTER.

Malgré cette opinion PERSONNELLE, BASÉE SUR DES RENSEIGNEMENTS SÉRIEUX, respectueux à l'excès des droits qui doivent appartenir à l'initiative privée, nous avions fait taire nos craintes ; mais nous ne pouvons plus aujourd'hui conserver CETTE ATTITUDE EXPECTANTE, depuis que cette entreprise TEND à demander au gouvernement une sanction qui peut engager sa responsabilité.

Il est certain que beaucoup de capitaux CROIRONT trouver une garantie dans le projet de loi que le ministère vient de déposer à la Chambre des députés, et qui a pour objet d'accorder à la Compagnie de Panama l'autorisation d'émettre *600 millions* d'obligations à lots.

. . . .

En dehors de ces considérations, il en est d'autres qui militent contre la proposition de loi. Pour pouvoir acquiescer à la demande de M. de Lesseps, le gouvernement aurait dû au moins demander et fournir au Parlement DES DOCUMENTS SÉRIEUX INDIQUANT, ET LA DURÉE DES TRAVAUX, ET LE COUT FINAL DE L'ENTREPRISE.

Les mécomptes déjà éprouvés à ce sujet exigeaient une justification complète pour l'avenir ; il est certain que le canal, qui devait être terminé en 1888, ne le sera pas avant 1892 ; il est également certain que la dépense, évaluée aujourd'hui à *1,200 millions*, n'est pas plus exactement arbitrée qu'au début, lorsqu'on la portait à *600 millions* seulement.

. . . .

Les 1,200 millions seront donc insuffi

sants, et il faudra demander à l'épargne française des sommes énormes, peut-être aussi considérables que celles qu'on lui a demandées à ce jour.

Les *600 millions* demandés aujourd'hui sont destinés à NE PAS FAIRE AVANCER CONSIDÉRABLEMENT LES TRAVAUX ; ils seront absorbés en très grande PARTIE PAR LE PAYEMENT DES INTÉRÊTS des sommes empruntées ; on ne doit point perdre de vue que les intérêts, pendant la durée de la construction, sont payés PAR UN PRÉLÈVEMENT SUR LE CAPITAL, ce qui réduit celui-ci d'autant. Or, quelle somme représente annuellement le capital emprunté ?

Les emprunts réalisés à ce jour nécessitent une dépense d'intérêt de *39 millions*, qui va s'augmenter, suivant le taux d'émission, d'une autre somme qui ne peut être moindre de *35* ou *40 millions*. À ce chiffre de *70* ou *80 millions*, il faut ajouter les frais généraux, qui atteignent, en moyenne, *10 millions*.

Toutes ces sommes réunies forment un total de charges annuelles de près de *90 millions*.

Or, si le canal n'est ouvert qu'en 1892, comme cela n'est que trop probable et même certain, il s'ensuit que le nouveau capital de 600 millions SERA RÉDUIT A 60

MILLIONS, QUI SEULS POURRONT ÊTRE EM-
PLOYÉS AU PERCEMENT DE L'ISTHME. IL MAN-
QUERA DONC, en admettant même que le
nouveau devis de *1,200 millions* soit exact,
UNE SOMME DE 540 MILLIONS POUR ACHEVER
LES TRAVAUX.

Et, si nous tenons compte de l'opinion
émise par la commission technique que
nous avons indiquée, nous pouvons dire
qu'il faudra demander au public UN MIL-
LIARD AU MOINS SI L'ON VEUT ACHEVER CETTE
ENTREPRISE.

EN PRÉSENCE de cette perspective, nous
croyons qu'il est préférable pour notre pays
DE GARDER SES CAPITAUX, QUI PEUVENT ÊTRE
MIEUX EMPLOYÉS ; les intérêts de la France
ne l'exigent point ; ils l'exigent d'autant
moins que la France ne vient qu'au troi-
sième rang, si on examine le trafic probable du canal.

M. Roux, représentant de la chambre
de commerce de Marseille, a publié à ce
sujet un grand travail, et sans admettre
ses conclusions, ni même ses chiffres, nous
relevons que le trafic présumé peut être
évalué à *8,100,000 tonnes*, ainsi réparties :
3,800,000 tonnes pour l'Angleterre ;
2,800,000 pour les Etats-Unis et *800,000
tonnes* seulement pour la France.

Ces chiffres SONT ASSEZ CONCLUANTS PAR

EUX-MÊMES pour indiquer que notre pays, qui souffre, qui a besoin de tous ses capitaux, N'A PAS UN INTÉRÊT ASSEZ PRÉPONDÉRANT POUR ALLER ENGLOUTIR DANS UNE PAREILLE ENTREPRISE, SUJETTE A DE SI GRANDS ALÉAS, LA MEILLEURE PARTIE DE SA FORTUNE.

CETTE ŒUVRE NE PEUT ÊTRE CONSIDÉRÉE COMME UNE ENTREPRISE NATIONALE, et, si M. de Lesseps veut en poursuivre la réalisation, il doit s'adresser aux puissances intéressées ; ce n'est qu'alors, et concurremment avec celles-ci, que la France pourra intervenir.

F. DAYNAUD.

Telle a été l'attitude du journàl *l'Autorité* dans l'affaire du Panama.

S'il a naturellement accueilli les annonces de la compagnie, comme il accueille toutes les autres annonces, sans être obligé de prendre les médecines qu'on y préconise, de boire les vins qu'on y vante et d'acheter les propriétés qui y sont à vendre, il a loyalement dit sa manière de voir, n'employant sa plume à tromper personne, et ne faisant pas d'articles pour égarer l'opinion publique.

Paul de Cassagnac.

CHEZ LES AUTRES

Deux journaux de province, surtout, ont bavé sur nous, à propos de la PUBLICITÉ si modestement rémunérée de l'*Autorité*.

C'est d'abord la *Dépêche* de Toulouse, l'organe de ce pleutre de Dupuy-Dutemps.

Quand nous prononcions notre discours à l'occasion des caisses d'épargne, nous disions à la Chambre, que TOUS les journaux, TOUS SANS EXCEPTION, de Paris et des départements, avaient fait ce qu'avait fait l'*Autorité*.

Là-dessus, des voix s'élevèrent et dirent : « Non ! la *Dépêche* n'a pas touché. »

Nous avons insisté et nous avons

répondu : « Tous ! tous sans exception ! »

Un vaillant journal de Toulouse, l'*Express du Midi*, venant à la rescousse, a eu la curiosité de fouiller dans la collection de la *Dépêche* et y a trouvé les MÊMES ANNONCES, les MÊMES RÉCLAMES en faveur du Panama.

Il a poussé la *Dépêche* l'épée dans les reins, et lui a demandéironiquement si, par hasard, elle insérait les annonces et les réclames à l'œil, POUR RIEN.

Et la *Dépêche*, acculée, a été obligée d'avouer qu'elle avait touché, mais indirectement, c'est-à-dire qu'elle avait loué sa quatrième page à un entrepreneur de publicité.

Or, c'est lui qui avait touché.

Mais la *Dépêche* y avait trouvé son compte, puisque c'est avec cet argent, que l'entrepreneur de publicité lui avait payé son fermage.

Quelle hypocrisie ! et quels coquins !

Prise la main dans le sac, la *Dépêche* a changé de ton et, avouant, elle a dit : « Oui, nous avons inséré des annonces, lesquelles ont été payées à notre agent ; mais nous n'avons pas, comme l'*Autorité*, touché 61,000 fr., pour insérer des articles poussant à la souscription. »

Encore un nouveau mensonge !

Comme on l'a vu, par l'article vraiment prophétique de notre collègue et collaborateur Daynaud, l'*Autorité*, non seulement n'a pas publié des ARTICLES *pour pousser à la souscription*, mais en a publié pour l'EMPÊCHER.

Nous ferons remarquer, de plus, que ce n'est pas 61,000 francs, mais 45,000, et en trois ans, que nous avons encaissés.

Si la *Dépêche* en a reçu moins encore, et c'était peu pourtant, c'est

qu'évidemment sa publicité parais-
sait chose négligeable.

Ainsi, vous voyez l'impudence et
la fausseté de ce journal de Toulouse, qui dénonce l'*Autorité* et
a fait tout comme elle, et comme
tous les journaux.

L'autre feuille, plus infâme encore et plus immonde, c'est la *Fraternité* d'Auch.

Celle-ci s'est fait l'écho de toutes
les ignominies de la *Dépêche*.

Oh ! le journal vertueux, pur,
immaculé, que cette *Fraternité*,
d'autant plus fière de n'avoir rien
touché dans l'affaire du Panama,
qu'elle n'existait pas alors !

Oui, mais... si ce n'est pas elle,
c'est son frère, son frère aîné, qui
s'appelait le *Républicain*, et qui avait
pour rédacteur en chef, le MÊME
MONSIEUR, qui dirige aujour-
d'hui l'intègre *Fraternité*.

Or, nous avons eu la curiosité de

savoir si le *Républicain* avait été aussi ÉTRANGER et aussi INDIFFÉRENT qu'on pourrait le croire à l'affaire du Panama.

Et les bras nous sont tombés de stupéfaction, quand nous avons constaté que non seulement il avait, LUI AUSSI, publié les mêmes annonces, mais, en plus, inséré des ARTICLES spéciaux pour pousser à la souscription.

Voici des échantillons :

20 juin. — LE SUCCÈS de l'émission de Panama EST DÉSORMAIS ASSURÉ. La modicité des deux premiers versements et la facilité du paiement, effectué en dix-huit mois, ONT JUSTEMENT SÉDUIT la petite épargne.

21 juin. — EXCELLENTES NOUVELLES de l'émission de Panama. Le public tout acquis des porteurs de titres du Panama et du Suez montre l'empressement habituel, et de plus une foule de petits capitalistes, SÉDUITS par LA SOLIDITÉ DES GARANTIES OFFERTES PAR LA SÉCURITÉ D'UNE AFFAIRE MINUTIEUSEMENT ÉTUDIÉE PAR LES POUVOIRS PUBLICS, et aussi par les chances multiples de lots considérables, se présente déjà aux différents guichets.

22 juin. — LE SUCCÈS de l'émission de Panama S'ACCENTUE DE PLUS EN PLUS. L'affluence des souscripteurs A ÉTÉ SI CONSIDÉRABLE qu'à la Compagnie de Panama et dans les grands établissements de crédit, on a dû augmenter le nombre des guichets. Avis à tous les porteurs de titres de Suez et de Panama; la souscription AYANT CHANCE D'ÊTRE COUVERTE PLUSIEURS FOIS, ils n'oublient pas de profiter des avantages qui leurs sont offerts pour la répartition.

23 juin. — Le succès de l'émission de Panama EST D'ORES ET DÉJA CERTAIN ; on constate des souscriptions importantes. La garantie du capital et du paiement des lots par un dépôt de rentes françaises ou de titres garantis par le gouvernement français a décidé l'intervention de gros capitalistes. LES PETITS SOUSCRIPTEURS FERONT BIEN DE NE PAS ATTENDRE le 26 juin, S'ILS VEULENT PROFITER DES AVANTAGES OFFERTS.

24 juin. — La souscription à l'émission de Panama MARCHE A SOUHAIT ; LA PETITE ÉPARGNE COMPREND FORT BIEN LES AVANTAGES OFFERTS: UN LARGE BÉNÉFICE RÉALISABLE A BREF DÉLAI avec un capital avancé complètement garanti, et la chance, en attendant la réalisation, de lots vraiment exceptionnels. La prime des obligations de Suez laisse entrevoir ce qu'on peut espérer des obligations plus avantageuses de Panama.

25 juin. — EN DÉPIT DES MANŒUVRES DE LA DERNIÈRE HEURE, l'émission de Panama sera UN GRAND SUCCÈS. La facilité du paiement, la participation, moyennant un versement minime, à des chances de lots considérables, LA SÉCURITÉ D'UN PLACEMENT GARANTI PAR DES VALEURS DE PREMIER ORDRE, et devant assurer une prime importante, CE SONT LA AUTANT DE CONDITIONS EXCEPTIONNELLES QUE L'ÉPARGNE NE PEUT MANQUER D'APPRÉCIER.

30 juin. — Des attaques violentes ont fait baisser le cours des actions de Panama ; ces manœuvres NE PEUVENT AVOIR D'INFLUENCE sur la valeur des obligations à lots qui viennent d'être mises en souscription.

Et en plein corps du journal, à la deuxième page, on pouvait lire L'ARTICLE suivant :

22 juin. — L'ATTENTION DU MONDE DE L'ÉPARGNE est, en ce moment, fixée sur la nouvelle émission d'obligations à lots que la Compagnie du Canal de Panama offre au public.

Nous ne dirons rien ici des conditions mêmes de la souscription, conditions que l'on trouvera aux annonces de tous les journaux ; nous n'insisterons que pour mémoire sur le chiffre jusqu'à présent inusité des lots, qui sont plus nombreux et plus élevés que ceux de n'importe quelles obligations de ce type. Il y aura aux tirages des 16 août, 15 novembre, 15 février et 15 mai de chaque année, des lots de 500,000 francs et 250,000 francs. Signalons également un lot de 100,000 francs à chacun de ces tirages, sans compter les nombreux lots de 10,000 fr. et de 5,000 fr.

Mais ce qui, PLUS ENCORE QUE LES LOTS, DOIT ATTIRER L'ATTENTION DE L'ÉPARGNE ET JUSTIFIE L'EMPRESSEMENT QU'ELLE MET DÉJA A SOUSCRIRE AUX OBLIGATIONS NOUVELLES, C'EST LA SÉCURITÉ QU'OFFRE CE PLACEMENT SI LARGEMENT RÉMUNÉRATEUR. On sait, en effet, que les pouvoirs publics n'ont accordé à la Compagnie le privilège d'émettre des valeurs à lots qu'à la condition qu'il serait constitué un capital inaliénable suffisant pour permettre la reconstitution, en un délai déterminé, des 600 millions que la Compagnie demande au public.

Une autre considération reste à noter : c'est que le canal de Panama, œuvre internationale, n'aura, QUOI QU'IL ARRIVE, RIEN A SOUFFRIR DES COMPLICATIONS DE LA POLITIQUE EUROPÉENNE. Il ne ressentira jamais, comme les autres valeurs, MÊME LES PLUS SOLIDES, le contre-coup des événements qui auront le vieux continent pour théâtre. La guerre peut éclater entre la France et l'Allemagne, ou entre la Russie et l'Autriche, que les navires n'en passeront pas moins par le canal en payant une taxe élevée.

A CE POINT DE VUE, CE PLACEMENT OFFRE DES GARANTIES ET UNE SOLIDITÉ SUPÉRIEURES A CELLES QUE PRÉSENTENT LES AUTRES VALEURS COTÉES SUR LES BOURSES EUROPÉENNES.

E. B.

Le *Républicain* avait, je le répète, pour rédacteur en chef, M. Destieux-Junca, le même impudent farceur, qui nous injurie depuis deux mois, dans la *Fraternité*, à cause de la publicité de l'*Autorité*.

Nous ne supposons pas qu'il croie les électeurs du Gers assez bêtes, pour imaginer que toutes ces réclames tous ces articles, ont été publiés A L'ŒIL, aussi, et POUR RIEN.

Voilà donc des journaux qui, tous, ont fait plus que l'*Autorité*, qui ont ajouté des ARTICLES aux ANNONCES, qui ont vanté la SÉCURITÉ du placement de Panama, pas une fois, mais cent fois, et qui ont le cynisme de nous acccuser, nous, qui n'avons jamais cessé d'être honnêtes, corrects et irréprochables !

Il était indispensable de mettre ces vilenies sous les yeux du public, pour faire justice, une fois pour toutes, de ces bandits, qui ont l'aplomb de vous reprocher ce que vous n'avez pas fait, et ce qu'eux ont fait au centuple.

Paul de Cassagnac.

Paris-Imp. PAUL DUPONT. — 646.4.93